OBSERVATIONS

À LA SUITE DE LA SOUMISSION

POUR

Mémoire sur les Terrains

DE TIVOLI

1er Janvier 1852

PARIS

IMPRIMERIE ..., RUE DE SEDAN, N° 6

1852

ENTREPOT A TIVOLI.

OBSERVATIONS

A LA SUITE DE LA SOUMISSION POUR L'ENTREPOT

DE TIVOLI.

1ᵉʳ JANVIER 1833.

ENTREPOT A TIVOLI.

OBSERVATIONS

A LA SUITE DE LA SOUMISSION

POUR L'ENTREPOT SUR LES TERRAINS

DE TIVOLI.

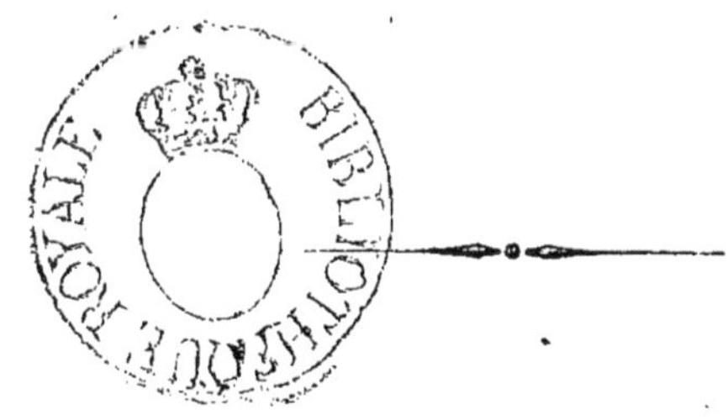

PARIS,

IMPRIMERIE D'ÉVERAT, RUE DU CADRAN, Nº 16.

1833.

[illegible]

[illegible]

[illegible]

[illegible]

[illegible]

[illegible]

OBSERVATIONS

A LA SUITE DE LA SOUMISSION

POUR

L'ENTREPOT SUR LES TERRAINS

DE TIVOLI.

Les principales questions qui se rattachent à l'é-
tablissement d'un Entrepôt à Paris ont été soumi-
ses à des commissions qui les ont examinées avec un
désir évident d'y porter la lumière, et d'en trouver
la solution; des écrivains, parmi lesquels il en est
d'un mérite reçonnu, les ont aussi traitées avec plus
ou moins d'étendue; mais il a manqué à toutes ces
études le sentiment qui fait approfondir les questions jusque dans leurs derniers détails; cette sol-
licitude infatigable des compagnies qui songent sérieusement à assumer sur elles la responsabilité d'une

affaire neuve, ignorée, incomprise, et où les préjugés de l'ignorance ne peuvent être vaincus qu'à force de travaux et de persévérance.

Lors donc qu'une compagnie qui a fait des propositions positives et qui est en mesure de réaliser ses offres, déclare que ni les rapports des commissions, ni les écrits publiés sur l'Entrepôt ne présentent des solutions exactes ou complètes des questions fondamentales de cette affaire, il est difficile de croire qu'une telle déclaration demeurera sans importance et sans résultat sur l'opinion de l'autorité commise en ce moment à l'examen de cette entreprise.

A l'appui de ce qui précède, on peut, sans revenir sur des faits déjà anciens, en citer un tout récent.

Les tarifs ont été élaborés pendant plusieurs semaines dans une commission prise dans le sein de la Chambre de Commerce; cette commission s'est fait un système d'où elle a déduit toutes ses décisions; mais tout en réglant l'avenir de l'Entrepôt, en proposant les conditions les plus importantes pour l'adjudication, elle s'est bien gardée de présenter son travail avec cette assurance que donne la conviction appuyée sur des études positives. Ainsi on trouve le passage suivant dans son rapport:

« Au reste, en présentant nos calculs, *il a été*

(7)

» *bien loin de notre pensée* d'en prendre la respon-
» sabilité vis-à-vis les adjudicataires futurs de l'En-
» trepôt. »

Lorsque la commission des tarifs appelée à fixer les idées sur la partie la plus difficile du cahier des charges, proclame ainsi ses incertitudes, quelle doit être la conduite des compagnies qui veulent concourir sérieusement à l'adjudication? Peuvent-elles prendre pour base de leurs combinaisons les calculs de cette commission qui décline toute responsabilité, et qui, par conséquent, n'a évidemment écouté qu'un seul intérêt dans son travail, celui des entrepositaires, et non celui des concessionnaires de l'Entrepôt. La Commission des Tarifs veut un Entrepôt *économique*, elle a raison; mais elle n'a pas examiné si en pousant ce désir *trop loin*, elle laissait l'Entrepôt possible; et le résultat de son travail est précisément qu'il ne le serait pas. Mais les compagnies qui croient que la véritable économie que doit produire l'Entrepôt, ne consiste pas tant dans une excessive réduction des tarifs, que dans une bonne et complète organisation de l'Entrepôt qui épargnerait aux négocians une multitude de frais bien plus importans que ceux du stationnement, et par exemple, *ainsi que l'a senti la Commission des Tarifs* elle-même, qui épargnerait

les frais de commis, d'écritures, de visites multi-
pliées, de manutentions sans nombre ; ces compagnies, disons-nous, en présence de l'erreur où est
tombée la commission, relativement à cette extrême
réduction dans les tarifs, n'ont évidemment qu'une
marche à suivre ; c'est de tout revoir, de tout examiner, de signaler les erreurs aux autorités qui n'ont
pas encore prononcé. Elles ont un bien autre intérêt
que les commissions à rechercher les renseignemens
positifs, à établir les faits ; leur responsabilité doit
être fortement engagée.

C'est sous ce double rapport que les fondateurs
de l'Entrepôt sur les terrains de Tivoli vont examiner de nouveau les principales questions de cette
entreprise, qui ont été discutées jusqu'à ce jour.

Leurs recherches porteront sur quatre questions :
1° la capacité ou l'étendue de l'entrepôt ; 2° la meilleure position de l'Entrepôt ; 3° l'exercice des douanes
et des octrois ; 4° les tarifs et le cahier des charges.

§ Ier.

De la capacité ou de l'étendue de l'Entrepôt.

Cette question est du plus grand intérêt.

Le fonds social ne peut être fixé que lorsqu'elle
sera résolue ; cette solution est aussi un élément
principal dans le choix à faire de la localité.

Comment, après six mois de recherches, cette question n'est-elle pas encore éclairée? Il y aurait beaucoup à dire sur les entraves qui ont empêché la lumière d'arriver aux commissions ; mais on se borne à présenter sur cette question des considérations simples et courtes, qui, on l'espère, serviront enfin, à fixer l'opinion sur ce point important.

On lit, page 7, au 3e alinéa du rapport de la commission des tarifs :

» L'Entrepôt réel du Havre, au mois d'octo-
» bre 1829, contenait 15,000 tonneaux, et il a une
» superficie de 1,100 toises de bâtimens. Cette su-
» perficie aurait dû être augmentée *de moitié*, d'a-
» près les documens officiels de l'administration,
» s'il recevait les marchandises de grand encom-
» brement qui jouissent de la faveur de l'entrepôt
» fictif ; pour un arrivage annuel de 64,000 ton-
» neaux, donnant un stationnement moyen de 21,350
» tonneaux, il faudra couvrir de bâtimens une su-
» perficie qui, dans la proportion de 1,650 toises
» pour 15,000 tonneaux, sera de 2,350 toises.

La Commission expose plus bas que les sucres pouvant produire un stationnement à la fois de 10,000 tonneaux *au moins*, et chaque toise superficielle ne devant recevoir que trois tonneaux, occuperaient seuls 3,300 toises au rez-de-chaussée ;
« mais comme plusieurs autres sortes de marchan-

» dises réclament aussi le rez-de-chaussée, on peut
» porter *en nombre rond à 4,000 toises la superficie*
» OBLIGÉE de l'Entrepôt. » Ce sont les termes du
Rapport.

M. le Rapporteur déduit de ces calculs la conséquence que, lors même qu'il faudrait à l'Entrepôt de
Paris un étage de plus qu'à celui du Havre, des
entrepreneurs ayant offert de construire ce bâtiment comme celui du Havre, en y ajoutant un
étage, à raison de 600 fr. par toise superficielle, cette
dépense ne s'éleverait qu'à. . . . 2,400,000 fr.
Auxquels M. le Rapporteur ajoute
pour les bâtimens accessoires. . . 600,000 »

Et il porte d'après ces calculs le
fonds social de l'Entrepôt à . . 3,000,000 fr.

M. le Rapporteur observe qu'il pourrait bien se
faire que l'adjudicataire ne pût se dispenser de construire des caves pour lesquelles il faudrait ajouter
200 fr. au prix de la toise superficielle. « Mais cet
» excédant de dépense, ajoute M. le Rapporteur,
» sera couvert par le produit, et la proportion res-
» tera la même. »

Ces diverses solutions renferment évidemment
plusieurs erreurs graves.

D'abord on suppose que 15,000 tonneaux ont pu

entrer dans un Entrepôt de 1,100 toises de superficie, ayant un rez-de-chaussée et deux étages, ce
qui produirait 3,300 toises, et obligerait de placer
plus de quatre tonneaux par toise superficielle. Ce
fait, s'il a existé, ne serait que la preuve de la mauvaise administration de l'Entrepôt du Havre. Lors
même que les marchandises n'y auraient pas été en-
tassées sans ordre ni méthode, à mesure d'arrivage,
comme porte à le présumér un entassement aussi
extraordinaire, nuls moyens de circulation ne pourraient rester pour visiter la marchandise, prévenir ou
reconnaître les avaries, opérer les ventes? Si le commerce du Havre a été forcé de subir un encombre-
ment aussi dangereux, qui le séparait entièrement
de sa marchandise et rendait sa conservation aussi
impraticable que sa vente, rien ne démontrerait
mieux l'inconvénient de laisser dans les mains d'une
administration quelconque, la disposition des Entrepôts : jamais une compagnie ne se serait exposée
à des risques aussi évidens.

Il est notoire qu'en ne donnant aux chemins de
circulation dans les rez-de-chaussée que la moindre largeur possible, une toise superficielle n'admet
au plus en stationnement que 2 tonneaux 1/2 au
rez-de-chaussée, 2 tonneaux au premier étage,
1 tonneau dans les autres étages. Si ces poids étaient
dépassés, il faudrait changer le système de con-

struction, et adopter des moyens de solidité qui élèveraient la dépense dans une proportion considérable.

Ainsi, un Entrepôt sur une superficie de 4000 toises, avec deux étages, ne pourrait recevoir que 20,000 tonneaux, d'après les calculs de la commission, et elle reconnaît néanmoins qu'il peut exister à la fois dans l'Entrepôt 21,350 tonneaux.

Mais sur quelles bases et d'après quel exemple la commission, qui admet que 64,000 tonneaux de marchandises entreront annuellement en Entrepôt, réduit-elle la quantité qui stationnera à la fois à 21,350 tonneaux, ce qui fait le tiers?

L'état général des stationnemens en Entrepôt, publié par l'administration des douanes, prouve qu'*au mois de décembre* la masse totale des marchandises en stationnement dans les Entrepôts de France, est du *tiers* des arrivages; mais l'on sait bien que le mois de décembre n'est pas le mois des plus forts arrivages : si la commission avait examiné l'état des stationnemens mois par mois, elle aurait vu qu'à d'autres époques de l'année la proportion des stationnemens aux arrivages est de *plus de moitié*. Ainsi, s'il doit passer par l'Entrepôt de Paris 30,000 tonneaux de sucre par année, le stationnement à une époque déterminée sera de 15,000 tonneaux, et non de 10,000 tonneaux. La commission en indique *au moins* 10,000 ; mais une compagnie, d'après une opinion aussi équivoque, serait-elle tenue de se préparer à ne recevoir que ces 10,000 tonneaux à la fois? A qui le commerce adresserait-il des reproches, ou à la commission qui le représente aujourd'hui, ou aux adjudicataires qui auraient aussi mal calculé ses besoins , si à l'arrivée de ses sucres il n'y avait pas de place pour les recevoir? Nous démontrerons bientôt d'ailleurs que la commission se trompe, non-seulement sur la quantité de marchandises entrant en Entrepôt, mais encore sur la place qu'elles doivent y occuper.

Si l'on examine ensuite la dépense de la construction, il est bien vite reconnu qu'elle a été mal calculée comme son étendue.

On ne recherchera pas si la toise superficielle de l'Entrepôt coûtera plus de 600 fr. ; mais la commission admet que des caves seront nécessaires, et qu'elles augmentent de 200 fr. le prix de la toise, c'est donc 800,000 fr. qu'il faut ajouter au fonds social ; et, en ce cas, il n'est pas exact de dire que cet *excédant ne changera rien à la proportion, parce qu'il sera couvert d'un produit.*

Pourquoi la commission a-t-elle recherché la proportion du fonds social? C'était pour établir ses tarifs? Puisque, dans les tarifs, elle fixe un prix pour les liquides, il fallait aussi dans le fonds social leur attribuer une part pour le stationnement.

D'après les calculs mêmes de la commission, le fonds social, pour l'Entrepôt, ne peut donc être moindre de 3,800,000 francs, et la superficie doit être au moins de 4000 toises.

De tous les écrivains qui se sont occupés de l'Entrepôt, M. Rodet est celui qui a apporté dans ses recherches le plus de lumières et d'expérience.

M. Rodet a évalué les denrées devant entrer dès les premières années en Entrepôt à 65,000 tonneaux, et le stationnement fixe à une époque de l'année à 24,000 tonneaux, dont la moitié en sucre. Ces évaluations ne sont pas très-éloignées de celles de notre compagnie ; mais M. Rodet se rapproche moins de nos idées sur la contenance de l'Entrepôt. Ses calculs l'ont amené à ce résultat que : 2,800 kil. en sucre peuvent être emmagasinés sur une toise superficielle. Les nôtres, comme on va le voir, ne nous permettent pas de supposer que l'on puisse y placer plus de 2,400 kilog.; d'où il résulte une différence assez grave dans l'étendue générale de l'Entrepôt.

M. Rodet demande pour l'Entrepôt 57,000 mètres carrés de surfaces couvertes en bâtimens qu'il divise en un rez-de-chaussée et deux étages de 19,000 mètres chacun, ce qui lui donne une superficie en constructions de 19,000 mètres carrés ou de 5,000 toises ; en tout, pour le rez-de-chaussée et les deux étages, 15,000 toises de surface (p. 54, 5ᵉ alinéa de l'ouvrage de M. Rodet).

Mais M. Rodet fait deux erreurs graves : il gerbe les barriques de sucre contre les murs, tandis qu'il devrait laisser un chemin de service de 1 mètre 45 cent. Il donne à ses couloirs 75 cent. seulement pour l'échantillonnage, tandis que leurs largeurs devraient être aussi de 1 mètre 45 cent. Le service, sans ces dimensions, est impossible; ces seules dispositions produisent une différence de plus de 700 toises par chaque étage.

Les contenances ne sont établies par M. Rodet que pour un Entrepôt de douanes; il a soin d'en prévenir le lecteur par le titre de son ouvrage; tandis que notre compagnie y fait entrer les denrées sujettes à l'octroi.

Enfin, M. Rodet propose des caves sous la moitié de ses bâtimens, c'est-à-dire, une superficie de 2,500 toises; ce qui donne à son Entrepôt une superficie totale de 17,500 toises.

Le plan de M. Rodet diffère donc de 1,000 toises en superficie de celui de la Commission des Tarifs.

Une compagnie responsable ne peut se resserrer dans des limites aussi étroites. Cependant notre compagnie ne s'écarte pas beaucoup de ces bases;

elle porte les entrées annuelles en Entrepôt à 70,000 tonneaux, et le stationnement fixe à une époque de l'année de 30,000 à 35,000 tonneaux. D'après l'état actuel des mouvemens des denrées coloniales, le commerce n'aura aucune sécurité sur la contenance de l'Entrepôt, si ces quantités ne sont pas prises pour bases de la capacité de cet établissement.

Voici comment notre compagnie entend les dispositions intérieures de l'Entrepôt de Paris.

En calculant un magasin sur sept travées de large, de 3 mètres 75 cent. chacune, et sur 12 de travées de 3 mètres 30 cent., on aura sept grandes travées de 22 mètres de long sur 3 mètres 35 cent. de large. La circulation devra être maintenue dans le milieu sur toute la longueur du magasin et contre les murs, ce qui force à déduire de cette travée 5 mètres 30 cent. Si l'on calcule quel sera sur cet espace l'emmagasinage des sucres, il faudra se rappeler qu'une condition essentielle pour toute compagnie responsable des pertes et coulages, c'est de pouvoir visiter facilement les côtés, et surtout de pouvoir enlever les colis qui, placés sous les autres, se mettent en état de liquéfaction, et subissent un coulage considérable. On peut apprécier quel inconvénient il y aurait à être obligé de dégerber vingt barriques pour en retirer une; aussi dans les Entrepôts anglais obvie-t-on à cet inconvénient en laissant entre chaque double rang de barriques l'espace nécessaire pour retirer la barrique en coulage; on la conditionne sur le lieu même; on en retire l'égout et on la replace. Pendant cette opération, les barriques voisines ont été légèrement soulevées et casées, cela dure quelques minutes; tout autre mode d'opération durerait plusieurs heures et encombrerait les travées de circulation.

Dans tout Entrepôt bien administré, les sucres sont donc sur doubles rangées distantes des rangées voisines de 1 mètre 45 cent., c'est pour cela que les travées sont de 3 mètres 75 cent. de largeur, savoir :

2 mètres 24 cent. pour deux longueurs de barriques;

»   6 cent. de jeu entre elles;

1 mètre 45 cent. d'espace entre chaque partie d'arrimage.

____

3 mètres 75 cent.

Ces 3 mètres 75 cent. multipliés par 22 mètres donnent 83 mètres carrés; sur ces 83 mètres on emmagasine 108 barriques de sucre; chaque côté de la travée en contenant 54 en deux parties de 27 gerbées sur 3, le premier rang étant de 10 barriques, le second de 9, le troisième de 8,108 barriques de 530 kilog. font 56,240 kilog. ou 56 ton-

neaux qui peuvent être emmagasinés dans 83 mètres superficiels qui, avec l'épaisseur des murs, des
escaliers, des trappes d'ouverture et des bureaux de
chaque magasin, doivent être portés à 90 mètres ;
ce qui fait 622 kilog. par mètre carré, ou par toise
superficielle, 2, 488 kilog. Ce résultat diffère de celui de M. Rodet, qui croit pouvoir placer 525 tonneaux dans 680 mètres carrés, c'est-à-dire 770 kil.
par mètre superficiel ou trois tonneaux par toise.
Cette évaluation est trop forte, et nous en avons
indiqué les causes.

La quantité de 2,488 kil. de marchandises ne peut
être emmagasinée qu'au rez-de-chaussée ; il ne faut
pas charger le premier étage de plus de 2,000 kilog.,
et les étages supérieurs de plus de 1,000 kilog. par
toise superficielle ; tout cela fait une moyenne de
1,500 kilog. par toise superficielle.

Ainsi pour loger 30,000 tonneaux, il faut 20,000
toises de plancher, ce qui fait 4,000 toises de magasins dans un bâtiment de quatre étages outre le
rez-de-chaussée. Ces constructions ne concernent
que les marchandises ; il faut en outre des bâtimens pour les douanes, les ateliers, les hangars,
les bureaux, etc., dont on va parler. Tel est le véritable calcul des contenances d'un Entrepôt, non
compris les caves ; ces dimensions sont confirmées

par ce qui est fait en ce moment dans les Entrepôts de Londres, à l'exception cependant que par suite de l'immense variété des marchandises, jamais il n'a été possible d'emmagasiner dans les magasins des docks de Londres plus de 960 kilog. par toise superficielle. Ces calculs sont établis et les preuves sont fournies dans les comptes rendus au Parlement, et qui sont imprimés.

Un Entrepôt établi sur ces dimensions laisse au commerce une grande facilité pour l'entrée et la sortie des marchandises, pour leur visite et leur conservation; à la douane pour sa surveillance, et à la compagnie pour l'économie dans ses manutentions. Enfin, le commerce n'a plus d'inquiétude sur la contenance de l'établissement, quel que soit le développement des affaires et la rapidité des arrivages.

Rapprochons maintenant les dimensions des trois Entrepôts proposés par la Commission des Tarifs, M. Rodet et notre compagnie, pour en établir les différences.

La Commission demande un Entrepôt de 4,000 toises de superficie, sur deux étages et un rez-de-chaussée avec des caves, ce qui fait quatre surfaces ou 16,000 toises.

M. Rodet veut une surface de 5,000 toises avec

rez-de-chaussée et deux étages, et des caves sous la moitié des bâtimens, en tout 17,500 toises.

Notre compagnie propose une superficie de 4,000 toises avec rez-de-chaussée et quatre étages, et la moitié en caves, ce qui produit 22,000 toises.

Il y a donc une différence avec la Commission de 6,000 toises, et avec M. Rodet 4,500 toises. On voit combien toutes ces dispositions, qui paraissent d'abord si éloignées, se rapprochent quand on les examine de près. Tout se réduit à la différence à peu près d'un étage dans la construction des bâtimens; mais il y a plusieurs autres points qui entrent essentiellement dans la formation d'un Entrepôt, et que la Commission ni M. Rodet n'ont pas voulu aborder, et ces points sont cependant de la plus grande importance.

Il s'agit d'abord des mécaniques, chariots, grues, ustensiles intérieurs, pour le service de l'Entrepôt. Ce mobilier est très-dispendieux. La rapidité du service comme son économie tiennent essentiellement à la bonne ou mauvaise composition de ce mobilier; il forme dans les docks anglais une des parties principales des études des compagnies.

Un autre point encore plus grave, ce sont les ateliers, les hangars couverts, les cours, les chemins de ronde, les bâtimens de douane, d'administration et leur mobilier, quelque modeste qu'il soit.

La Commission des Tarifs dit légèrement : « Ajoutant pour les murs de clôture, la construc- » tion d'un bassin intérieur, s'il y a lieu, et autres » accessoires, 600,000 fr. »

M. Rodet se dégage de cette recherche encore plus facilement. On lit, page 58 de son ouvrage : « On ne s'arrêtera pas non plus à apprécier l'éten- » due des bâtimens de service, des hangars par- » ticuliers où les marchandises seront emballées, » conditionnées, tarées. »

Notre compagnie a fait une étude très-approfondie de ces deux points. D'après des plans très-exacts et des devis très-détaillés, la dépense de construction, soit des ateliers, hangars, bâtimens des douanes et d'administration, soit de chemin de ronde, murs de clôture, pavage, dallage, etc. etc., ne sera pas moindre de 500,000 fr., et celle des mécaniques, grues et ustensiles intérieurs de 300,000 fr.

Mais s'il existe un autre résultat difficile à prévoir avant la rédaction des plans, c'est l'étendue de terrain qu'il faut ajouter à l'espace nécessaire pour les bâtimens.

Notre compagnie étudie depuis long-temps le

plans de l'Entrepôt avec des architectes qui ont visité les entrepôts de Londres; il lui est aujourd'hui bien démontré que pour n'avoir que les hangars, ateliers, cours, chemins de service et bâtimens accessoires rigoureusement nécessaires aux divers besoins de l'Entrepôt, il faut pouvoir disposer d'un terrain égal en espace à celui des magasins de l'Entrepôt, c'est-à-dire que si l'Entrepôt couvre 4,000 toises, il faut 8,000 toises, que s'il exige 8,000 toises, il en faudra 16,000.

Telle est la preuve que donne le plan fourni par notre compagnie au conseil municipal.

Ce plan présente 8 bâtimens ayant chacun dans œuvre 25 mètres sur 65 mètres, et qui donne 1,625 mètres ou 427 toises pour chacun. Il y ajoute deux petits bâtimens présentant 1,375 mètres.

Notre compagnie a annoncé qu'elle ne ferait que la moitié de ces constructions; que l'autre moitié était laissée en réserve pour les développemens futurs du commerce.

Cette moitié présente donc dans œuvre 3,784 toises de superficie en bâtimens qui donnent pour un rez-de-chaussée et quatre étages 18,920 toises de superficie; la compagnie ajoute en caves 2,000 toises.

Le plan fournit, en outre, la preuve que les cours, hangars, ateliers et autres accessoires occupent encore 4,000 toises, et que lorsque les deux parties de l'Entrepôt seront terminées, si les besoins du commerce demandent un jour leur achèvement, cet établissement aura couvert 8,000 toises en bâtimens et 8,000 toises en espans vides pour les ateliers, hangars et pour les services.

En partant de ces bases, il a été facile à la compagnie de régler son fonds social.

La Commission des Tarifs porte le prix de la toise superficielle de bâtimens de l'Entrepôt avec caves, rez-de-chaussée et deux étages, à 800 fr. Les devis de la compagnie, faits par des architectes très-exercés, ne fixent le prix de ces bâtimens, avec deux étages de plus, et des murs d'une épaisseur suffisante pour cette élévation, qu'à 960 fr. la toise.

La compagnie ne fait faire des caves que sous la moitié des bâtimens; mais comme il y a des frais extraordinaires pour des déblais et des remblais sur les terrains cédés par les propriétaires de Tivoli ainsi que pour les trottoirs, elle a porté au fonds social pour la construction des 4,000 toises superficielles à 960 fr. la somme totale de 3,840,000 fr.

Elle a ajouté pour les mécaniques intérieures. . . . . 3oo,ooo »

Pour les ateliers, hangars, murs de clôture etc. . . . . 5oo,ooo »

Elle a en outre constitué un fonds supplémentaire pour le service des intérêts des actions pendant les constructions, pour dépenses imprévues, etc. . . . . 5oo,ooo »

Le fonds social a été fixé à. . . . 5,14o,ooo fr.

Ce compte de fonds diffère de celui de la Commission des Tarifs de 1,34o,ooo fr.; mais elle avait omis 8oo,ooo fr., savoir : 3oo,ooo fr. pour les mécaniques et ustensiles intérieurs et 5oo,ooo fr. pour le fonds supplémentaire. La compagnie, pour cet excédant de 8oo,ooo fr., aura deux étages de plus, c'est-à-dire 8,ooo toises de plancher.

On fait observer que la Commission des Tarifs ne porte dans la dépense de l'Entrepôt aucune somme pour la valeur des terrains.

Serait-ce la cession gratuite des terrains de Tivoli qui lui fait écarter cette dépense? Mais alors on demande si c'est à la place des Marais que les compagnies trouveront gratuitement des terrains à leur disposition pour construire l'Entrepôt.

Sera-ce au Gros-Caillou? la ville est propriétaire de la plus grande partie du terrain que l'on voudrait appliquer à l'Entrepôt. Le Conseil municipal ferait-il l'abandon gratuit d'une propriété de la ville, dont le revenu est de près de 20,000 fr., lorsque ce sacrifice, auquel il n'est pas obligé, le priverait de la cession de 16,000 toises qui lui est faite sur les terrains de Tivoli? Si la ville donne pour l'Entrepôt 16,000 toises au Gros-Caillou, et si elle rejette la cession gratuite de 16,000 toises sur Tivoli, sa perte sera évidemment de deux millions, en estimant chaque propriété 1,000,000, qui est leur véritable valeur; cette valeur serait moitié moindre, que les motifs de cette concession de la ville n'en seraient pas moins extraordinaires.

Et si la ville vend aux entrepreneurs de l'Entrepôt ses terrains dans quelque lieu qu'ils soient situés, ne leur impose-t-elle pas une charge qui retombera toujours sur le commerce, et dont ces entrepreneurs sont affranchis en se plaçant sur les terrains de Tivoli?

De toutes ces observations, il résulte que pour les besoins actuels du commerce, il faut pour l'Entrepôt un bâtiment de 4,000 toises superficielles, construites avec quatre étages outre le rez-de-

chaussée, et des caves sous la moitié des bâtimens;

Qu'une superficie de la même étendue de 4,000
toises est indispensable pour les ateliers, hangars,
chemins de service et bâtimens accessoires, ce qui
fait 8,000 toises;

Qu'il est nécessaire de réserver une superficie
égale de 8,000 toises pour les développemens pro-
chains du commerce, ce qui fait en tout 16,000
toises;

Qu'en bornant en ce moment les constructions à
4,000 toises, le fonds social pour l'Entrepôt ne peut
être moindre de 5,140,000 fr., en supposant que
l'emplacement de l'Entrepôt, tant pour le présent
que pour l'avenir, ne coûte rien ; et ici les compagnies ne peuvent pas prétendre que suivant la localité cette dépense pourra être réduite. Partout il
faudra 4,000 toises de construction sur quatre
étages outre le rez-de-chaussée et des caves, et
partout, par conséquent, 5,140,000 fr. Mais à
cette somme, il faudra ajouter pour toutes les localités proposées, la dépense considérable de l'a-
chat des terrains. La localité seule de Tivoli fait
exception, et cet avantage qu'elle présente, lui
permet des tarifs plus économiques qu'à toute
autre compagnie.

§ II.

De la meilleure position de l'Entrepôt.

Les uns ont dit : Il faut mettre l'Entrepôt à la place des Marais, parce que la ville doit favoriser les canaux St-Denis et St-Martin, qui sont sa propriété et qui coûtent 5o,ooo,ooo ; que les bateaux arriveront directement dans l'Entrepôt sans rompre charge, ce qui est un avantage immense pour le commerce.

D'autres ont dit : Il faut placer l'Entrepôt au Gros-Caillou, parce qu'il sera sur la rivière ; qu'il jouira d'une navigation libre, naturelle, dégagée de toute entrave ; et pour ajouter la sûreté à la rapidité et à l'économie du service, il suffira de construire un bassin avec une écluse et une pompe à feu.

Ces idées simples sur ces deux positions leur ont fait des partisans ; cela devait être, pour tous ceux qui n'ont pas étudié les besoins réels de l'Entrepôt. Comme le nombre en est très-grand, l'intérêt privé s'est emparé de cette disposition des esprits, et il a fait proclamer si haut la supériorité de ces positions, qu'il semble qu'il ne soit permis à aucune autre localité de la contester. Mais pour porter un jugement, il faudra étudier ; et lorsque les questions seront approfondies, les hommes de bon sens, que les illusions de l'intérêt privé n'éblouissent pas, arriveront à reconnaître que de toutes les positions, les plus mauvaises pour l'Entrepôt sont celles de la place des Marais et du Gros-Caillou; cette démonstration est facile; elle sera rapide.

1° PLACE DES MARAIS. — La première condition pour l'économie des arrivages à l'Entrepôt est la conservation pleine et entière des moyens de transports par eau, actuels. En mettant l'Entrepôt à la place des Marais, cette navigation se trouve réduite aux seuls bateaux dont la largeur est au-dessous de vingt-quatre pieds : c'est la dimension des écluses des canaux St-Denis et St-Martin. Les bateaux plus larges que vingt-quatre pieds ne peuvent entrer dans les canaux. Les bateaux au-dessous de vingt-quatre pieds sont connus sous le nom de *petite* navigation; les autres de *grande* navigation.

Les bateaux de la petite navigation chargent de 200 à 300 tonneaux; ils portent jusqu'à 400 tonneaux; mais pour entrer avec cette charge dans le canal, il sont forcés d'ôter leur gouvernail, manœuvre longue et difficile.

Les bateaux de la grande navigation, trop larges pour être admis dans le canal, chargent jusqu'à 600 tonneaux.

Comme la dépense des grands bateaux n'est pas, sur la rivière, en proportion de leur charge, ce sont eux qui ont fait baisser le fret de 45 fr. le tonneau à 20 fr.

Le commerce a le plus grand intérêt à maintenir le service de la grande navigation.

On voit de suite que si l'Entrepôt est placé à la place des Marais, les bateaux de la petite navigation pouvant seuls entrer dans le canal St-Denis, transporteront seuls les denrées coloniales, et que dès lors rien ne pourra arrêter la hausse du fret de ces denrées.

La Compagnie de Canaux a si bien senti avec quel avantage on pouvait lui opposer cette hausse inévitable de fret des denrées coloniales, lorsqu'elles ne pourraient plus venir que par la petite navigation, qu'elle a cherché à en détruire les effets par toutes sortes de suppositions.

Cette compagnie a d'abord soutenu que l'on ne construisait plus de grands bateaux; que cette navigation était abandonnée, et qu'avant peu il n'y aurait plus que les bateaux de la petite navigation sur la rivière.

Elle a ensuite prétendu que la petite navigation transportait au même prix que la grande; et qu'ainsi le commerce ne perdrait rien à l'extinction de la grande navigation, mais qu'au surplus si la grande navigation avait tant d'avantages sur la petite, elle débarquerait les denrées coloniales à la Briche, d'où elles seraient transportées par le canal ou par terre à l'Entrepôt, et que ces petits frais seraient couverts par le bas prix du fret de la grande navigation.

Toutes ces assertions sont inexactes ; des chiffres, des documens officiels qui ont été publiquement produits et n'ont jamais été démentis , ont prouvé que la grande navigation conserve sa supériorité ; ses transports sont toujours les plus considérables, surtout entre le Havre et Rouen, parce que l'état de la rivière permet la circulation facile de ces grands bateaux, et il en résulte la preuve incontestable que ces bateaux feraient tous les transports entre Paris et Rouen, si quelques améliorations étaient faites à la rivière dans cette partie.

La petite navigation s'est formée dans la vue des transports des vins et autres objets entrant dans les canaux. Son lot est fait ; il n'y est pas porté atteinte.

La grande navigation admet toutes les natures de marchandises. La priver de la marchandise qui compose la plus forte partie de ses chargemens, c'est lui enlever un droit acquis pour attribuer un monopole à son concurrent, et ce monopole tournera au désavantage du commerce. Dès que ce transport sera dans une seule main, son fret n'aura plus de limite.

On sait que les chargemens sont mixtes. Si la grande navigation est obligée de diriger ses déchargemens, de mettre à la Briche les denrées coloniales, à Saint-Ouen, ou au port Saint-Nicolas les marchandises du commerce, elle est ruinée, elle disparaîtra, et avec elle le bas prix du fret. Telles sont les conséquences d'une injustice et de la création d'un monopole.

A ces motifs d'exclusion de la place des Marais, il faut ajouter et son défaut de communications faciles avec les routes de terre principales destinées à faire le service de l'Entrepôt, et la difficulté d'y faire arriver des chemins de fer, et le prix que les terrains y coûteront infailliblement. Enfin l'on ne saurait oublier que les maisons les plus importantes du commerce d'épicerie et droguerie ont témoigné dans une pétition un très-vif désir que cette localité ne fût pas choisie, parce que sa trop grande proximité de leurs magasins devait y opérer un déplacement qui pouvait entraîner leur ruine.

2° *Gros-Caillou.* — Si l'on passe à l'examen de la localité du Gros-Caillou, il est évident que l'on ne peut lui opposer les inconvéniens de la place des Marais. Il est sur la rivière, et accessible, avec la plus grande liberté, à toutes les navigations. Mais cette localité présente d'autres désavantages très-graves; pour les atténuer, il faudrait dépenser une somme énorme ; et malgré cette dépense, cette localité ne serait pas davantage à la convenance du commerce.

Le port de l'Entrepôt sera évidemment le port de Paris. En effet, tous les chargemens venant du Havre et de Rouen sont mixtes, et contiennent à la fois des denrées et matières exotiques, des denrées et matières indigènes, les unes pour l'Entrepôt, les autres pour le commerce. Les denrées des deux natures doivent être déchargées dans le même port ; obliger, par exemple, les bateaux à décharger les denrées coloniales au Gros-Caillou, devenu port de l'Entrepôt, et les denrées du commerce au port Saint-Nicolas, répéter cette manœuvre pour les retours, diriger ainsi les déchargemens et les chargemens, ce serait évidemment sacrifier les intérêts du commerce et de la navigation à ceux des propriétaires d'une localité. Pour juger des innovations aussi extraordinaires, suivons-les dans leur exécution.

Nous ne pensons pas que si le Conseil municipal constituait l'Entrepôt au Gros-Caillou, il n'y exigeât qu'un port pour le service de cet établissement. Il demanderait un port pour toutes les provenances du Havre et de Rouen, pour les marchandises à la destination de l'Entrepôt comme du commerce ; mais alors se contenterait-il d'une simple rampe, comme celles de Saint-Nicolas et d'Orsay. Les débarquemens sur ces rampes sont de 3o p. o/o, plus coûteux que sur les quais horizontaux.

Si le conseil municipal se bornait à une rampe, elle devrait avoir au moins 1,200 mètres de longueur, pour mettre en chargement et en déchargement au moins quinze bateaux, tant pour l'entrepôt que pour le commerce.

1,200 mètres de quais sur pilotis, à 1,ooo fr. le mètre courant. . . . . 1,200,000 fr.

Dragage en Seine, creusement d'un chenal, travaux de démolition du quai actuel, etc. 15o,ooo

                                    ————————
                                    1,35o,ooo fr.

Tous les ingénieurs connaissent les inconvéniens de ces sortes de rampes. La variation du niveau des eaux ne permet d'y établir, ni des grues pouvant faire commodément le service, ni des hangars si nécessaires pour les conditionnemens et pour les visites des douanes. Les marchandises doivent y être roulées, et tout y est fait à main d'homme. Il faut convenir que le commerce irait chercher bien loin un bien mauvais port, dont la distance lui coûterait fort cher en pertes de temps et en frais de transport.

Il est évident qu'il faudrait abandonner le projet de la rampe pour un bassin à flot ; mais alors c'est tout un port à construire, comme à Saint-Ouen ; avec la différence qu'à Saint-Ouen tout a été fondé sur une roche marneuse de calcaire gras qui a dispensé du pilotage, tandis qu'au Gros-Caillou le pilotage est indispensable, le sol étant composé de gravier ; et cependant Saint-Ouen a coûté trois millions.

Pour fournir un bassin pouvant admettre seulement vingt-quatre bateaux, la dépense serait effrayante. En voici le devis fait par des ingénieurs très-exercés.

Ecluse propre à recevoir les bateaux de toute dimension, avec son radier sur pilotis, 600,000 fr., ci . . . . 600,000 fr.

Machine à vapeur avec aqueduc à prise d'eau. 200,000

2,400 mètres de quai sur pilotis, à 600 fr. le mètre courant 1,440,000

180,000 mètres carrés de terrassement, à 2 fr. 50 c. 450,000

Epuisemens , dragages , frais imprévus 200,000

Total . . . . . . 2,890,000 fr.

Malgré cette énorme dépense, ce bassin serait insuffisant dans dix ans. Si le commerce marche avec la même progression qu'il vient de suivre dans le même nombre d'années, les arrivages seraient quatre fois plus forts ; cette expérience ne sera pas perdue pour un conseil municipal si occupé de l'avenir du commerce de Paris.

Quelle est l'autorité qui oserait imposer aux adjudicataires de l'entrepôt une surcharge de trois millions pour avoir, on le répète, un port insuffisant et mal placé.

Les propriétaires du Gros-Caillou ont voulu affaiblir l'objection si forte de l'énormité de la dépense pour créer un port aussi mal placé, et ils ont produit, dit-on, un plan et des devis d'après lesquels la construction d'un bassin à flot, avec écluse et pompe à feu, ne coûterait qu'un million; l'on assure que ces études sont signées par un ingénieur.

Si le fait est vrai, cet ingénieur leur aura donné des constructions en miniature, insuffisantes, l'on ne dit pas seulement pour le commerce, mais pour les besoins exclusifs de l'entrepôt. Ce travail ne sera pas toujours secret; il ne nous faudra pas de grands efforts pour mettre en évidence tout le ridicule de cette évaluation.

Il ne faut pas s'y tromper, et on ne cessera de le répéter, parce que c'est fondamental, en constituant le port de l'entrepôt, il faut songer, à cause de la nature des chargemens et de la nécessité des retours, que c'est le port de Paris qui est incontestablement constitué pour tous les rapports du commerce et les provenances de toute nature du Havre et de Rouen; que l'on juge, d'après l'étendue de ces besoins et de ces exigences, si ce port serait convenablement situé au Gros-Caillou.

Après des démonstrations aussi palpables sur la mauvaise position du Gros-Caillou et de la place des Marais, comme ports de l'Entrepôt et du commerce de Paris, sur les énormes dépenses auxquelles l'un et l'autre seraient obligés, et surtout le Gros-Caillou, pour constituer des ports étroits et mal placés, et les charges qui résulteraient pour le commerce de ces dépenses extraordinaires; faut-il encore faire remarquer les autres inconvéniens de ces deux localités?

L'on ne peut contester que la navigation, par les contours de la rivière, est plus longue de six lieues pour arriver au Gros-Caillou que pour entrer au port de Saint-Ouen, et que cette distance augmente le fret de 1 fr. 50 c. par tonneau; il est aussi évident que les dépenses pour créer le port du Gros-Caillou obligeront d'élever les tarifs de l'Entrepôt dans cette localité au moins de 2 fr. 50 c. par tonneau; ainsi chaque tonneau sera frappé d'une surcharge de 4 fr., attachée à la localité du Gros-Caillou.

Nous avons démontré combien ces deux localités du Gros-Caillou et de la place des Marais étaient loin de satisfaire aux besoins de la navigation et à son économie, d'où dépend, en partie, la prospérité de l'Entrepôt. Elles ne sont pas plus favorables aux transports par terre, soit pour les arrivages, soit pour les expéditions. Elles ne sont en communication directe, ni avec les routes du Havre, ni celles de Lille, ni celles de l'Allemagne, ni celles de la Suisse. Ainsi, voilà de mauvais ports qui n'ont pas même la facilité des routes intérieures. Insister davantage sur le rejet de ces deux localités, ne serait-ce pas paraître craindre que certains intérêts privés continuent à se faire plus entendre que les intérêts publics? Mais cette question de préférence entre les localités est à la décision du conseil municipal le plus juste et le surveillant le plus actif de la prospérité du commerce de Paris.

3º TIVOLI.—La meilleure localité pour l'Entrepôt est celle qui offrira, aux transports par eau, les moyens de chargement et de déchargement les plus commodes ; aux transports par terre, l'accès le plus facile ; aux chemins de fer, les pentes les plus douces et les abords les moins coûteux ; qui ne sera pas trop rapprochée du centre des établissemens actuels du commerce d'épicerie et de droguerie, parce qu'elle ruinerait ces établissemens en les déplaçant trop subitement, et qui ne sera pas aussi trop éloignée du centre des consommations, afin que le négociant ne perde pas de temps pour la visite de ses marchandises, et les ventes en entrepôt.

La localité de Tivoli, unie au port Saint-Ouen par les moyens et avec les réglemens que notre compagnie a proposés, satisfait à toutes ces conditions.

Le port est tout fait à Saint-Ouen ; il est à faire à la place des Marais et au Gros-Caillou.

Tivoli est de tous côtés ouvert aux routes de terre.

Tivoli est le point de Paris le plus favorable pour l'arrivage des chemins de fer de toute direction.

Tivoli est plus loin des établissemens d'épicerie et de droguerie que la place des Marais, et il ne ruine pas ces établissemens.

Mais en même temps, il est plus près que le Gros-Caillou, et, comme cette localité, il n'obligera pas les négocians à de longues courses, et à des frais considérables de déplacement.

La seule objection qui s'élève contre ces combinaisons si avantageuses, c'est la distance qui sépare les magasins d'avec le port; les magasins d'entrepôt devant être à Tivoli, les déchargemens devant s'opérer à Saint-Ouen.

Mais si, dans le transport et la manutention des marchandises entre l'entrepôt et le port Saint-Ouen, la distance disparaît; si, pour expédier et pour recevoir ses marchandises, le commerce n'a besoin que de se présenter à Tivoli; si toutes les opérations s'exécutent à Tivoli avec la même célérité, la même conservation, la même économie que si l'entrepôt était sur la rivière, le port, pour le commerce, est à Tivoli. Le commerce profite de la position rapprochée de Tivoli et de tous les avantages du port Saint-Ouen.

Suivons toutes ces opérations séparément et dans leur exécution, c'est le seul moyen de les apprécier.

D'abord l'on ne peut contester que le bassin de Saint-Ouen ne soit le plus beau port de Paris. Sa dimension est de 3o arpens, son niveau est constant, ses quais immenses. Deux cents bateaux peuvent y circuler, quarante au moins y être en déchargement et chargement. Il a coûté plus de trois millions. Il est fait, et pour en jouir il ne coûtera pas plus que le droit d'entrée d'une écluse. Il ne sera donc à charge ni au commerce ni à l'entrepôt; ces avantages immenses sont prêts, la ville et le commerce en obtiennent *pour rien* la jouissance à perpétuité. Ce qui coûterait ailleurs deux à trois millions, ne coûte rien à Saint-Ouen. Le commerce s'y porte déjà sans l'entrepôt ;cette position est donc à sa convenance.

Voyons maintenant la marche des opérations, et d'abord, comment s'opéreront les mouvemens pour l'Entrepôt.

Les denrées coloniales arrivent presque toutes par la basse Seine. Elles entreront dans le port de Saint-Ouen, et l'on a vu dans la soumission de la compagnie de Tivoli que de la rivière à l'Entrepôt tous les frais se réduisent à 60 cent. par tonneau. Pour arriver au Gros-Caillou, la marchandise est forcée, ainsi que nous venons de le dire, de parcourir six lieues de plus , ce qui augmente le fret de 1 fr. 5o cent. par tonneau. Il y a donc déjà économie sur la navigation en faveur du port Saint-Ouen.

Déchargée à couvert, transportée sur des chemins de fer par des wagons fermés, la marchandise n'est point roulée; elle est placée dans l'Entrepôt sur le lit d'arrimage qu'elle avait dans le bateau. Nous verrons plus bas les dispositions de la compagnie pour l'exercice de la douane, et il sera évident que son service sera facile et sans interruption.

Que l'on ne dise pas que les chemins de fer embarrassent les abords d'un port et d'une grande ville : que l'on voie Manchester et Liverpool. Ces chemins traverseront près Paris une plaine très-découverte, dans une courte distance; ils arriveront par un Tunnel sans couper aucun boulevard.

Le port de Saint-Ouen admet les bateaux de toutes les dimensions; il conserve ainsi à la navigation la liberté la plus entière; mais les droits de la petite navigation devaient être également respectés. Un port sera fait sur le canal entre les deux routes; la compagnie s'y est assurée six arpens, elle y construira un bassin pour l'arrivage de toutes les denrées coloniales transportées par les bateaux du canal; elle les y recevra au même prix et avec tous les avantages qu'elle vient de stipuler pour le port de Saint-Ouen. Ainsi, aucun intérêt ne sera blessé, et la plus grande latitude sera laissée à tous les genres de navigation.

Le commerce de Paris recevra donc ses marchandises à l'Entrepôt de Tivoli, comme si le port était dans Tivoli, à moins de frais qu'au Gros-Caillou, qui est à une distance du commerce de la ville au moins double de celle de Tivoli.

Passons aux mouvemens des opérations commerciales, soit pour la réception, soit pour l'expédition des marchandises non sujettes aux droits.

Toutes les marchandises du commerce, arrivant par la grande comme par la petite navigation, seront déchargées et stationneront dans des magasins ou sur les ports, à moins de frais que sur aucun autre port de la rivière; elles arriveront sur les boulevards extérieurs de Tivoli à raison de 10 cent. par kilomètre par tonneau, ce qui fera moins d'un franc pour le transport; la compagnie les fera suivre de là à leur destination, dans l'intérieur de la ville et dans les faubourgs pour 1 fr. 5o cent, le tonneau, ce qui sera facile, parceque ces marchandises seront transportées jusqu'aux boulevards sur des voitures armées de patins pour leur passage sur les chemins de fer, et que ces voitures continueront leur route sans frais de déchargement jusqu'à leur destination.

A l'égard des marchandises que le commerce voudra expédier en retour par la basse Seine, un magasin de dépôt lui sera ouvert gratuitement à Tivoli à l'extérieur de l'Entrepôt. Ce magasin est indiqué sur le plan; il n'a aucune communication avec l'entrepôt. La compagnie fera transporter ces marchandises à St.-Ouen sur ses chemins de fer. Ces frais, d'après le tarif, ne sont presque rien à cause de la petite distance. Là, ces marchandises seront déposées gratuitement jusqu'à leur embarquement. Toutes ces localités sont prêtes et indiquées sur le plan.

Ainsi, le commerce pourra dire que, pour les services de l'Entrepôt comme pour les besoins de ses spéculations sur toutes les natures de marchandises, la distance entre Tivoli et St-Ouen, au moyen des chemins de fer, aura disparu pour le temps et les frais, et qu'il profitera, dans le maniement de ses affaires, de la proximité de Tivoli, comme s'il était sur la rivière.

Que l'autorité consulte les fondateurs ou directeurs des docks à Londres, et elle verra que ces hommes expérimentés ne conçoivent pas comment l'on songe à porter un entrepôt pour le commerce à l'extrémité de deux canaux très-resserrés qui excluent la plus grande partie de la navigation, ou à l'extrémité du plus grand faubourg de Paris, à plus d'une lieue du centre du commerce, en le chargeant sans profit de frais énormes.

§ III.

Du service des douanes et des octrois.

La Commission des tarifs, dans son rapport, évalue à 5o,ooo fr. la somme à payer à la douane pour ses exercices dans l'entrepôt, et elle en met le paiement à la charge de l'adjudicataire; mais, avant de faire une concession aussi large, il fallait d'abord examiner si cette rétribution est due; l'on en aurait ensuite indiqué la quotité.

La loi autorise un prélèvement sur la recette des douanes pour cette perception, comme pour celles de tous les autres impôts. La création des Entrepôts détourne-t-elle les douanes de leurs attributions; les oblige-t-elle à des services extraordinaires? La concentration des marchandises rend ses exercices plus faciles et les recettes plus promptes; elle simplifie tous ses services, les fixant dans un seul lieu. Le Commerce, en acquittant les droits, a payé l'exercice des douanes; payer de nouveau ces droits en détail, ce serait évidemment un double emploi.

L'on ne comprend pas sur quelle base les douanes fonderaient une telle prétention. N'est-il pas évident

que la prospérité de l'Entrepôt, à laquelle contribuera puissamment la simplification des services des
douanes, leur sera bien autrement profitable qu'une
redevance fixe de 5o,oo fr. Si, au lieu de recevoir
3o,ooo,ooo, les douanes en perçoivent 5o par les développemens de l'entrepôt, elles trouveront dans
cet accroissement des avantages bien plus réels pour
elles et pour l'état; elles n'ont pas plus intérêt à
charger l'Entrepôt qu'à le gêner; d'ailleurs elles n'en
ont pas le droit.

Mais avant de taxer le service des douanes, a-t-on
bien examiné ce qu'il doit être, en dedans comme en
dehors de l'Entrepôt?

La Commission des Tarifs a posé des principes
larges et généreux sur l'exploitation intérieure de
l'Entrepôt; elle place dans les mains de la compagnie
adjudicataire tous les services qui tiennent, dans
l'Entrepôt au stationnement et à toutes les manutentions; elle rend en conséquence; cette compagnie responsable de toutes les avaries intérieures.
Cette mesure adoptée dans tous les docks anglais,
introduit de suite l'ordre, le calme, la régularité
dans tous les travaux, dans toutes les fonctions. La
marchandise est toujours dans les mains des mêmes
hommes que la douane apprend à connaître et à
juger. Chacun est à son poste et n'en change pas.

Le Commerce n'arrive que pour visiter sa marchandise, la vérifier, la faire diviser, lotir à son gré et la vendre. Sa circulation est libre; elle n'est pas suspecte; la douane n'a aucun motif de la contrarier. Les mouvemens de la marchandise ne sont pas dans les mains du Commerce. La surveillance, à Londres, des accises qui sont si sévères, est inaperçue dans les docks; à peine y voit-on les employés. Pour un service qui deviendra si simple dans l'Entrepôt de Paris, qui réduira ses frais de la douane et qui augmentera ses recettes, le Commerce ne peut pas être imposé à de nouvelles charges; la douane exercera l'Entrepôt, mais elle doit le faire sans redevance particulière.

Si la douane trouve des garanties dans l'ordre et le système qui sera établi pour la gestion intérieure de l'Entrepôt, il est facile d'étendre ses sécurités au-dehors, de telle sorte que la marchandise, depuis son débarquement sur les quais du port du Havre, jusqu'à la sortie de l'Entrepôt de Paris, sera toujours, malgré tous les mouvemens et tous les transports, sous la même unité de surveillance, de conservation et de responsabilité; ces dispositions sont faciles à expliquer et à comprendre.

L'on a vu que, dans son acte social, la compagnie établit un comptoir au Havre; l'objet de ce comptoir est de recevoir les marchandises que leurs propriétaires voudront expédier à l'Entrepôt de Paris. Lors de leur débarquement sur les quais, elles seront vérifiées par la douane; elles recevront un premier conditionnement et seront transportées de suite dans des bateaux pontés dont les écoutilles seront fermées et plombées.

Les gérans du comptoir signeront les acquits à caution et se rendront, envers les douanes, cautions des droits. Le comptoir sera constitué de manière à inspirer confiance à la doüane ; il fera d'ailleurs à Paris tel dépôt que la douane désirera en inscriptions de rentes pour la garantie des droits.

Ces droits, ainsi garantis, seront acquittés par la compagnie ou par le négociant propriétaire, lorsque là marchandise sortira de l'Entrepôt.

La marche de la marchandise dans son transport est simple; la douane aura un bureau sur le port de Saint-Ouen; les écoutilles et les plombs seront vérifiés avant le débarquement, auquel il sera procédé par les ouvriers de la compagnie en présence de l'employé des douanes; puis la marchandise sera mise dans les wagons couverts et fermés du chemin de fer. Une clef sera dans les mains de la douane, l'autre dans celle de la compagnie. Les wagons, à leur entrée dans l'Entrepôt, seront ouverts

simultanément par la douane et par la compagnie.
C'est alors seulement que la marchandise sera véri-
fiée, reconnue et les acquits à caution déchargés.
L'opération sur le port Saint-Ouen sera surabon-
dante et seulement exécutée pour la sécurité de la
douane, car la marchandise sera, dans le cours du
transport, sous la garantie des acquits à caution et
la responsabilité de leurs signataires. La décharge
ne sera acquise qu'après la reconnaissance à l'Entrepôt.

On voit d'une part que le commerce évitera tous
les frais et droits de mutation d'Entrepôt; il sera
sans inquiétude pendant les transports sur la conservation de la marchandise, et la douane, sur le
paiement de ses droits; ainsi, à compter du débarquement au Havre jusqu'à la sortie de l'Entrepôt
de Paris, la marchandise sera sous une continuelle
surveillance; car il y aura des responsables des
droits; et donner des garanties aux douanes, c'est
en fournir au commerce.

Ainsi les services, tant au dedans qu'au dehors de
l'Entrepôt, seront si simples, si réguliers, qu'il naîtra
une confiance réciproque, d'où résulteront ces faci-
lités que l'on admire dans les docks de Londres où
le Commerce traite sa marchandise avec autant d'ai-
sance que si elle était dans ses magasins particuliers.

Tel est l'avenir que la compagnie assure à l'Entrepôt, si elle est adjudicataire; aucune compagnie ne
pourra prospérer qu'autant que son administration
sera parvenue à ce degré de perfectionnement.

La Compagnie de Tivoli a fait remarquer dans sa
soumission la nécessité de recevoir en entrepôt, dans
l'intérêt du Commerce comme des adjudicataires,
les marchandises sujettes aux droits de l'octroi.
Comme il y aura des magasins distincts pour les
marchandises de l'octroi, qu'il sera tenu une comp-
tabilité particulière, aucune confusion, ni en dedans
ni en dehors, ne sera possible, et les services des douanes n'en seront jamais embarrassés. Le concours des
deux natures de marchandises contribuera à augmen-
ter les produits des deux impôts.

Il faut cependant faire remarquer qu'il s'éleverait
beaucoup de difficultés, par rapport à l'exercice de
l'octroi, si l'Entrepôt était placé dans l'intérieur de la
ville.

L'administration de l'octroi a l'habitude de faire
accompagner les marchandises qui doivent travér-
ser la ville par rapport au transit ou autres causes;
ces frais s'élèvent chaque année à une forte somme.
Si l'Entrepôt est dans l'intérieur de la ville, ou il ne
pourra recevoir les marchandises de l'octroi, et c'est
ce qui arriverait pour le Gros-Caillou ou la place des

Marais, ou les frais d'escorte pour les marchandises qui s'expédieront pour le transit deviendront considérables.

L'entrepôt à Tivoli n'aura pas cet inconvénient; placé sur le mur d'enceinte, il recevra sans difficulté ni surveillance particulière les marchandises de l'octroi, et ces marchandises pouvant être expédiées à leur sortie de l'Entrepôt par les routes extérieures sans entrer en ville, ne seront jamais sujettes à aucune escorte.

§ 4.

Des tarifs et du cahier des charges.

La commission prise dans la chambre de commerce pour préparer les tarifs de l'Entrepôt a si bien senti que ces tarifs dépendaient de la dépense nécessaire pour la formation de l'Entrepôt, qu'elle a posé les bases de cette évaluation.

On a vu que la commission portait cette dépense à 3,8oo,ooo fr.; mais l'on a vu aussi les nombreuses omissions ou erreurs qu'elle avait faites dans ses calculs, et que le fond social pour l'Entrepôt seulement, devait être porté au moins à 5,14o,ooo fr., ainsi que l'a réglé notre compagnie.

Mais ces bases ne sont applicables qu'à la localité de Tivoli qui n'a aucune dépense à faire ni pour ses terrains ni pour son port.

La place des Marais et le Gros-Caillou sont dans une position bien différente. Ces localités n'ont ni emplacement ni port. Elles sont forcées de tout acheter et de tout construire. La ville cèdera-t-elle gratuitement ses propriétés de l'île des Cygnes? Quelle serait l'excuse de cette munificence ?

Mais à une disposition aussi extraordinaire ajoutera-t-elle les frais si considérables de la construction entière d'un port?

Les propriétaires de ce quartier pour attirer l'Entrepôt dans leur voisinage, paieront-ils les terrains et le port? Il ne faut pas se faire cette illusion; ils n'ont pas les mêmes motifs de faire de pareils sacrifices que les propriétaires de Tivoli et du port St-Ouen. Il faudrait consacrer plus de 4 millions au port ou aux terrains pour mettre le Gros-Caillou dans une position semblable à celles de St.-Ouen et de Tivoli.

Cent volontés devraient concourir pour l'affaire du Gros-Caillou, tandis que le réglement de celle de Tivoli et de Saint-Ouen n'a dépendu que de trois propriétaires.

Mais les propriétaires du Gros-Caillou diront peut-être qu'il n'y a pas une si grande différence entre leur position et celle de Tivoli. Si le Gros-

Caillou est obligé de créer un port, Tivoli doit établir des chemins de fer, dont il porte lui-même la dépense à un million.

Il y a une grande différence entre ces deux ouvrages d'art; le port coûtera au moins trois millions, et les chemins de fer à peine un million.

Le port du Gros-Caillou ne rendra presque rien, à moins que l'on n'écrase le commerce de droits qu'il n'aura pas à payer à Tivoli.

La compagnie de Tivoli n'ignore pas que ce ne sont ni les marchandises du commerce, ni celles de l'Entrepôt qui l'indemniseront des frais d'établissement des chemins de fer; leurs transports la couvriront tout au plus de leurs frais particuliers; elle n'a pas calculé sur cette nature de produits; mais il est démontré que les voyageurs lui donneront plus de 10 p. 0⁄0 nets de la dépense entière des chemins de fer. Cette circonstance, dont le Gros-Caillou est privé, est encore due à la position de Tivoli. La dépense de ses communications est couverte; celle du port du Gros-Caillou ne le sera jamais. Les produits du chemin de fer auront une progression toujours ascendante; ceux du port du Gros-Caillou n'ont aucun avenir; ils seraient nuls aujourd'hui, et ils le seront toujours.

Il résulte de là que si le Gros-Caillou était forcé d'ajouter à la dépense de l'Entrepôt, ces frais énormes de la construction d'un port, ces frais lui rendraient nécessaire un tarif beaucoup plus élevé qu'à Tivoli. L'on donnera la preuve, si ce fait est contesté, que cette dépense serait au moins de 3 fr. par tonneau.

Si l'on ajoute les autres frais extraordinaires qui ne tiennent qu'au Gros-Caillou, tels que les six lieues de navigation et le passage de six ponts, qui séparent cette localité de Saint-Ouen et Tivoli, et la distance du Gros-Caillou du centre du commerce de Paris, qui doublera la dépense des transports intérieurs, il sera évident pour tout homme impartial qu'il y aura, à l'avantage de la localité de Tivoli, une différence de 6 francs par tonneau sur celle du Gros-Caillou.

Si, malgré cette énorme différence et la clarté de ces démonstrations, le conseil municipal donnait la préférence au Gros-Caillou, séduit qu'il serait par les intérêts de la propriété de la Ville ou par d'autres illusions, les vives réclamations du commerce ne tarderaient pas à proclamer une erreur ausi funeste pour lui. Le conseil municipal sentirait inévitablement la nécessité de se réformer, car, appelé par sa fonction à protéger le commerce, c'est lui qui aurait détruit tout le bénéfice d'une

loi dont le but unique était de lui rendre la vie et
la prospérité qu'il a perdues.

Ces réflexions nous amènent à n'examiner les
tarifs de l'Entrepôt que dans les rapports de sa dépense pour les bâtimens, et dans la supposition
que l'emplacement ni le port ne lui imposeront aucune charge, et qu'il lui seront cédés gratuitement.
La Compagnie de Tivoli ne fait point entrer, dans
cet examen, la dépense de ses communications
extérieures ; nous l'avons dit, cette dépense est
couverte par ses produits particuliers.

La Commission, pour la formation des tarifs de
l'Entrepôt de Paris, avait devant les yeux plusieurs
exemples dans les tarifs du Hâvre, de Nantes et de
Bordeaux ; elle pouvait consulter aussi les tarifs
des Entrepôts fictifs du Hâvre. Il lui était facile,
avec ces documens, de composer des tarifs convena-
bles également au commerce et aux adjudicataires.

Mais la commission a été tellement dominée par
la pensée que l'Entrepôt de Paris ne prospérerait
qu'au moyen de prix au-dessous de ceux des autres
Entrepôts, qu'elle a projeté sur certains articles
des réductions avec lesquelles aucun Entrepôt ne
serait possible à Paris.

Si la Commission ne voulait pas s'en tenir aux
exemples des Entrepôts voisins, elle pouvait puiser

des renseignemens dans des sources plus rappro-
chées ; il lui aurait suffi de vérifier ce que chaque
négociant dépensait en loyer de magasins, en commis, en frais extraordinaires pour l'exercice de son
commerce à Paris ; elle eût bien vite établi ce que
la toise de magasin coûte aux négocians des rues
de la Verrerie et des Lombards ; elle eût comparé
cette dépense avec celle d'une toise de magasin
dans l'Entrepôt, et au moyen de ces calculs peu
compliqués, la Commission eût reconnu la somme
à laquelle elle pouvait élever les tarifs pour faire
jouir le commerce de fortes économies, et, pour
satisfaire les adjudicataires, elle n'eût blessé aucun
intérêt, Paris, surtout, laissait à la Commission une
grande latitude, car de toutes les villes avec Entrepôt, c'est celle où les frais de commis, de loyer
et de main-d'œuvre sont les plus forts.

La Commission n'en a pas agi ainsi ; elle a entre-
pris des innovations dans une matière qu'elle abor-
dait pour la première fois, et où elle était sans
expérience.

Les Anglais, qui exercent les Entrepôts depuis
quarante ans, qui ont apporté tant de perfection-
nemens dans l'ordre et les mouvemens des manutentions, ont toujours attaché un prix particulier
à chaque manutention. Cette règle n'a jamais varié

dans aucun dock; elle est également et uniformément suivie en France.

La Commission a cru devoir s'écarter de ces règles établies par une longue expérience. Il existe six manutentions principales; elles sont partout tarifées à un prix spécial; la Commission a proposé un prix à forfait pour toutes ces manutentions. N'a-t-elle pas voulu entrer dans l'examen et l'étude de chaque manutention? S'est-elle proposé de simplifier les rapports du commerce avec l'Entrepôt? On l'ignore. Ce qu'il y a de certain, c'est que le chiffre qu'elle propose pour le forfait des droits, est dans une telle disproportion, qu'il fournit la preuve la plus complète que la Commission n'avait pas les moindres renseignemens sur les frais de manutentions dans un Entrepôt.

S'il s'agissait de discuter en ce moment chaque article des tarifs, du stationnement et des manutentions, ce serait un ouvrage long et minutieux que la Compagnie s'empresserait d'aborder et pour lequel il serait nécessaire de faire intervenir un homme du métier placé dans une position désintéressée. Mais le Conseil municipal a des moyens très-simples de régler cette opération sur laquelle il a reçu si peu de renseignemens de la chambre du commerce.

Lorsque le ministre des finances veut faire un emprunt, il admet des compagnies, discute avec elles les conditions de l'emprunt et n'ouvre l'adjudication que lorsqu'il est assuré d'avoir des preneurs. Cette conduite pourrait être imitée dans la discussion des Tarifs de l'Entrepôt.

Mais si l'on voit quelques inconvéniens dans la discussion d'un tarif avec les compagnies, on peut les éviter.

Que l'on prenne pour base les tarifs de Nantes et de Bordeaux, pour les stationnemens comme pour les manutentions, il sera joint au cahier des charges. C'est sur ce tarif que les enchères seront ouvertes, et l'adjudication aura lieu au profit de celui qui aura proposé le rabais le plus fort, d'après le mode indiqué par la compagnie dans sa soumission.

Ce moyen simple, conforme à la loi, ne blesse aucun intérêt; la responsabilité de la ville est à l'abri; elle prend pour base un tarif adopté dans un de nos plus grands ports. Les enchérisseurs, qui ont eu sûrement ces tarifs en vue, ne seront point trompés dans leurs combinaisons. Les enchères publiques, sur les tarifs, viendront ensuite compléter les satisfactions que chacun demande si impérieusement, les intérêts publics et privés d'un côté, et les responsabilités si craintives et si exigeantes de l'autre côté.

On le dit hautement, ce moyen est le seul qui écartera toutes les intrigues et qui rendra l'adjudication possible.

La Compagnie signalera à M. le rapporteur quelques conditions de détail à introduire dans le cahier des charges pour la promptitude et la régularité du service.

Il en est deux qui sont importantes, c'est la durée de la concession et le cautionnement. La compagnie a signalé ses dispositions dans son dernier engagement; elle y persiste.

La compagnie n'avait pas produit ses pièces justificatives avec la soumission; elles les joint aux présentes.

Elles se composent 1º des traités avec les propriétaires de Tivoli et ceux des bassin et port de St-Ouen; 2º du plan de l'Entrepôt; 3º des cessions faites sur le port de St-Ouen et terrains environnans; 4º du tracé des chemins de fer.

Plusieurs jours avant l'adjudication et aussitôt que la demande lui en sera faite, la compagnie produira les plans définitifs et les devis de toutes les constructions et établissemens ci-dessus.

PIÈCES JUSTIFICATIVES.

TRAITÉ

ENTRE LA COMPAGNIE DE L'ENTREPOT SUR LES
TERRAINS DE TIVOLI,

ET

*LES PROPRIÉTAIRES DES BASSIN ET PORT DE
SAINT-OUEN.*

17 DÉCEMBRE 1832.

Entre MM. Louis-Joseph-Omer RATEL, demeurant rue du Cherche-Midi, n° 11.

Louis-Jacques GROSSIN, comte de BOUVILLE, demeurant rue de l'Est, n° 1.

Tant en leurs noms qu'en celui de la Compagnie qu'ils présentent,

D'une part ;

Et MM. ARDOIN et Compagnie, demeurant rue St-Georges, n° 1.

Agissant au nom et comme administrateurs d'une société fondée sous le titre des Port et Gare St-Ouen, par acte passé le vingt-neuf août 1826, de-

vant Me Maine Glatigny, notaire à Paris, substi-
tuant Me Fouché, son confrère qui en a la minute,
D'autre part.

IL A ÉTÉ EXPOSÉ :

Que les propriétaires de l'ancien Tivoli avaient
proposé à la ville de Paris la cession de seize mille
toises de leurs terrains, à la condition que cette localité serait choisie pour la construction de l'Entrepôt;

Que les propriétaires du bassin et du Port St-
Ouen avaient offert, de leur côté, à la ville de Paris
leur Port et ses quais pour exécuter, au moyen de
chemins de fer, les transports à l'Entrepôt des marchandises arrivant par la rivière;

Que de nouvelles propositions pour d'autres localités ayant été faites dans la vue d'obtenir la préférence pour l'emplacement de l'Entrepôt, les propriétaires de Tivoli se sont décidés à faire à la ville
de Paris cession gratuite et à perpétuité, de seize
mille toises de terrain sous la condition d'y fonder
l'Entrepôt, et MM. Ardoin et Compagnie ont aussi
fait, pour les transports à l'Entrepôt, au moyen du
Port St-Ouen, de nouvelles propositions plus avantageuses.

C'est dans cet état que les propriétaires de Tivoli ont réitéré la cession de terrain qu'ils avaient
faite à la ville en faveur de la Compagnie représen-
tée par MM. Ratel et de Bouville, qui a, depuis long-
temps, le projet de se rendre adjudicataire de l'Entrepôt.

Mais ce traité ne remplirait pas son but, ou il
faudrait adopter un système de communications entièrement différent, si des conventions n'avaient pas
lieu entre la compagnie de l'Entrepôt et les propriétaires du Bassin et du Port St-Ouen. Ces conventions doivent avoir pour objet de rendre les arrivages des marchandises et les communications entre
l'Entrepôt et la rivière si faciles et si économiques,
qu'aucune autre localité ne puisse offrir au Commerce des prix plus bas et un service plus prompt
et plus constant.

C'est pour remplir ces conditions d'un intérêt si
général, et, en particulier, si nécessaires aux soussi-
gnés, qu'il se sont rapprochés et ont arrêté les articles suivans.

ARTICLE PREMIER.

MM. Ardoin et Compagnie, audit nom, cèdent,
gratuitement et à perpétuité, à MM. Ratel et de
Bouville, ou à la Compagnie qui les représentera,

dans le cas seulement ou eux ou ladite compagnie seraient adjudicataires de l'Entrepôt de Paris, savoir : à leur égard, pour le temps pendant lequel ils seront concessionnaires de l'Entrepôt, et à perpétuité pour les compagnies ou tous autres qui leur succèderont dans l'exploitation dudit Entrepôt.

1° La jouissance de partie du grand bassin qui forme le Port de St-Ouen. Cette partie est prise à gauche en regardant le bassin en face des puits artésiens, et est déterminée par une ligne tirée en prolongement du mur de quai du canal qui précède le bassin, et perpendiculairement audit mur, afin que l'abord du quai au devant de la grue en fonte puisse rester réservé dans l'étendue nécessaire à la manœuvre des bateaux qui auront à se placer sous cette grue pour opérer leur déchargement; elle comprend la partie au devant du quai à gauche, celle qui longe le bassin et le quai en retour; cette partie du grand bassin contient....

2° Quarante-cinq pieds de terrain en profondeur, sur toute la longueur dudit quai de gauche et de la partie en retour sur la face du bassin. Ces terrains sont destinés à recevoir les chemins de fer, à former les quais de déchargement et les routes pour le service des chemins de fer et des quais.

3º Le terrain nécessaire pour continuer le chemin de fer jusqu'à la grande route, sur une largeur de quarante-cinq pieds.

ART. 2.

MM. Ardoin et Compagnie se réservent expressément, pour eux et leurs ayans-droits, la faculté d'opérer tout déchargement ou embarquement de marchandises, tant sur le quai situé au-devant du grand magasin, aujourd'hui existant, duquel quai la jouissance leur appartiendra exclusivement, que sur la partie du quai longeant le bassin, laquelle fait face aux terrains dont ils restent propriétaires le long dudit quai et derrière le chemin de service.

La chaussée pavée existant dans la partie de quai dont la jouissance est concédée, sera démolie et reportée en dehors.

Il sera tenu compte à MM. Ardoin et Compagnie de la grue établie sur ce quai, suivant estimation faite de gré à gré entre les parties.

Les chemins de fer seront disposés de manière à ne point intercepter la circulation sur la place du port et les parties de quai non comprises dans la concession.

MM. Ratel et de Bouville, et la Compagnie qu'ils représentent, s'interdisent formellement la faculté de construire des magasins dans les parties de terrain dont la jouissance leur est présentement concédée. Ils pourront seulement y établir, pour servir d'abri à la marchandise au moment de son débarquement, des hangars dont la hauteur ne pourra excéder dix mètres.

Et pour constater d'une manière plus précise les parties du bassin et de terrains dont la jouissance est présentement concédée, il en a été dressé un plan figuratif qui est ci annexé, après avoir été signé *ne varietur*.

ART. 3.

MM. Ardoin et Compagnie, céderont en outre, à perpétuité et gratuitement, ainsi qu'il est exprimé en l'article 1er ci-dessus, sur le quai en face du bassin, le terrain qui sera déterminé à l'amiable entre les parties, pour y établir deux bureaux, l'un pour la douane, l'autre pour la compagnie. La contenance de ce terrain ne pourra excéder cent toises, et la hauteur des bâtimens, huit mètres.

ART. 4.

MM. Ardoin et Compagnie consentent, en outre,

à ne prendre pour l'entrée et la sortie, et pour le stationnement, que dix centimes par tonneau de marchandise, quelle que soit leur nature, à la destination de l'Entrepôt. Ce tarif ne sera exercé que sur
la quantité de marchandise en destination pour
l'Entrepôt, et non sur la dimension des bateaux : le
tonneau pesant 1,000 kilogrammes. Chaque bateau
jouira de quinze jours de stationnement, et à leur
expiration, chaque bateau paiera deux francs par
jour qui dépasserait ce terme. Ce tarif est établi à
perpétuité, et ne pourra, par aucun motif, être aug-
menté ou modifié.

ART. 5.

Les cessions ci-dessus ne sont faites, et les tarifs
ne sont consentis, que sous la condition que MM. Ratel et de Bouville, ou la Compagnie qu'ils représentent, établiront, dans le système de chemins de fer
qui sera déterminé pour tous les services de l'Entrepôt, une communication à doubles rails entre les
bassin et port St-Ouen et l'Entrepôt.

ART. 6.

Attendu que la Compagnie de l'Entrepôt est forcée de placer ses magasins, ateliers et forges, pour

fabriquer, réparer et loger le matériel de ses chemins de fer, ainsi que ses approvisionnemens en combustibles, le plus près possible du port, MM. Ardoin et Compagnie s'obligent, en outre, à vendre à MM. Ratel et de Bouvillé, quatre arpens environ, ou trois mille six cents toises de terrain, à prendre le long du chemin de service établi sur le côté gauche du grand bassin, dans la façade sur le quai, suivant l'étendue et les dimensions exprimées au plan ci-dessus indiqué. Le prix en est fixé à vingt-cinq fr. la toise entre les parties, et sera payé en vingt-un mois, savoir : un quart, trois mois après l'adjudication, et les trois autres quarts de six mois en six mois, avec les intérêts, à cinq pour cent, du jour de l'adjudication de l'Entrepôt.

MM. Ardoin et Compagnie s'obligent, en outre, à laisser subsister le chemin de service qui prend de la grande route, appelée chemin de la Révolte, en traversant la place du port et le quai de gauche du bassin, et va aboutir à la rivière. La largenr de ce chemin est de quinze mètres.

ART. 7.

Pour que le bassin de St-Ouen soit le port où la navigation en Seine soit, pour toujours, traitée le

plus favorablement, MM. Ardoin et Compagnie s'o-
bligent, pour les marchandises du Commerce qui
arriveront et se déchargeront dans les parties de
leur port et de leurs quais qu'ils se sont réservées, à
ne jamais établir de tarifs qui rendraient les frais de
stationnement, chargement et déchargement, plus
chers que ceux des autres ports de Paris, notam-
ment des ports de la Villette et de St-Nicolas; et
en cas qu'il y ait à cet égard difficultés entre la Compagnie de l'Entrepôt et MM. Ardoin et Compagnie,
ou leurs ayant-droits, les parties consentent, dès à
présent, que ces difficultés soient jugées par des arbitres, suivant la clause stipulée ci-après.

ART. 8.

Toutes les clauses ci-dessus ne sont obligatoires
pour toutes les parties qu'autant que MM. Ratel et
de Bouville, ou la Compagnie qu'ils représentent,
resteront adjudicataires de l'Entrepôt.

ART. 9.

Dans le cas où, pour lier le chemin de fer depuis
les quais du port St-Ouen jusqu'à la grande route,
il faudrait procéder à la démolition de quelques

maisons appartenant à MM. Ardoin et Compagnie, le prix en sera réglé en trois mois par arbitres, et il sera payé dans les mêmes termes que celui des quatres arpens ci-dessus; et avant de procéder à aucune démolition, MM. Ratel et de Bouville, ou la Compagnie qu'ils représentent, seront tenus de donner caution suffisante pour le paiement du prix qui aura été fixé.

ART. 10.

MM. Ardoin et Compagnie ou leurs ayant-droits pourront faire tous travaux pour réparations ou développemens à donner aux bassins, sans être tenus à aucune espèce d'indemnité; mais MM. Ratel et de Bouville, ou la Compagnie qu'ils représentent, auraient la faculté, dans le cas où ils le jugeraient convenable, pour prévenir toute interruption de service, d'établir, à leurs frais, une seconde machine à vapeur et une seconde écluse, dans l'étendue et les dimensions qu'ils croiront nécessaires.

ART. 11.

Si des contestations s'élevaient entre MM. Ardoin

et Compagnie et MM. de Bouville et Ratel, ou la Compagnie qu'ils représentent, quelle que soit la nature de ces contestations, elles seraient décidées par la voie de l'arbitrage.

Chaque partie contractante nommera son arbitre.

Les deux arbitres élus en nommeront un troisième pour composer le tribunal arbitral et former une majorité. S'il y a difficulté sur le choix, il sera dévolu à M. le Président du tribunal de Commerce de Paris, sur une simple requête de la partie la plus diligente.

Il en sera de même en cas de refus de nommer des arbitres.

Les arbitres élus seront dispensés d'observer les formalités et les délais de la procédure.

Ils jugeront sur les mémoires et documens qui devront leur être remis, de part et d'autre, dans la quinzaine de leur constitution.

Ils procéderont comme amiables compositeurs, et

leurs jugemens seront souverains, c'est-à-dire sans appel, recours en cassation ou requête civile.

Fait double à Paris, ce dix-sept décembre mil-huit-cent-trente-deux.

Imprimerie d'EVERAT, rue du Cadran n° 16.

9 782019 975616